SUR LA LIBERTÉ

ILLIMITÉE

DE LA PRESSE.

AN CINQUIÈME.

SUR LA LIBERTÉ
ILLIMITÉE
DE LA PRESSE.

La question de savoir si la liberté *illimitée* de la presse présente plus d'avantages que d'inconvéniens, est une de celles qu'il importe le plus au bonheur général d'examiner et d'approfondir. Je pense que pour se livrer avec quelque fruit à la recherche de la vérité sur cet important problème, il est surtout nécessaire de s'isoler de tout esprit de parti; d'écarter toute idée d'ambition et de popularité, de se considérer, pour ainsi dire, comme étranger aux résultats de la discussion, et de ne consulter ses affections personnelles qu'en ce qu'elles peuvent avoir de rapport avec celles des hommes en général. Ce n'est, ce me semble, que dans cette disposition d'esprit que l'on peut espérer de parvenir à une solution conforme au plus grand avantage de la société.

La question que je me suis proposé de discuter me paroît pouvoir être considérée sous deux rapports : l'intérêt de la chose publique, et celui des individus. Car quoique, généralement parlant, ces deux intérêts semblent devoir être confondus. Je crois pourtant vrai de dire qu'ici, comme dans beaucoup d'autres circonstances, ils sont dans le cas d'être distingués et d'être consultés séparément, avec d'autant plus de raison qu'il seroit possible que la faculté de tout écrire et de tout publier fût démontrée utile dans les matières d'un intérêt général, sans que l'on dût en induire la même utilité à l'égard des objets qui ne concerneroient que des intérêts individuels. C'est donc sous ces deux rapports que je vais me livrer à cette discussion.

Les orateurs qui se sont déjà prononcés à la tribune du conseil des Cinq-cents, contre toute espèce de restriction à la liberté de la presse, se sont appuyés sur les articles 353 et 355 de la constitution, dont ils n'ont cité que ces dispositions : « Nul ne peut être empêché de dire, écrire, » imprimer et publier ses pensées. — Il n'y a point de » limitation à la liberté de la presse. »

En jetant les yeux sur ces mêmes articles, j'y trouve, en outre, les dispositions suivantes : « Nul ne peut être » responsable de ce qu'il a écrit ou publié, que dans les » cas prévus par la loi. — Toute loi *prohibitive* en ce » genre, quand les circonstances la rendent nécessaire, » est essentiellement provisoire et n'a d'effet que pendant » un an au plus, à moins qu'elle ne soit renouvelée. »

Ainsi la constitution a sagement réservé au Corps Législatif la faculté de remédier, d'obvier même à l'abus de la liberté de la presse, en l'autorisant à déterminer les cas dans lesquels un citoyen seroit responsable de ce qu'il auroit écrit ou publié. La déclaration des droits et des devoirs en impose de plus aux Législateurs l'obligation formelle.

L'article 2 de la déclaration des droits porte : « La liberté » consiste à pouvoir faire ce qui ne nuit point aux droits » d'autrui ».

L'article premier de la déclaration des devoirs s'exprime ainsi : « La déclaration des droits contient les obligations » des Législateurs ».

Il suit évidemment delà que toutes les fois que l'exercice d'une faculté quelconque, non limitée par une loi antérieure, est démontrée nuisible aux droits d'autrui, il est du devoir le plus étroit des Législateurs de restreindre cette faculté autant qu'il peut être nécessaire pour qu'il n'en résulte plus de préjudice pour personne.

Appliquons ces principes à la liberté de la presse, considérée sous le rapport de la chose publique.

Et d'abord examinons si les hommages rendus à la faculté de tout publier, et la crainte que l'on témoigne si vivement d'y voir porter la plus légère atteinte, ne pourroient pas être accusés au moins de quelqu'exagération dans les hommes que l'on n'a point de raison de soupçonner de mauvaise foi.

Suivant les apôtres de la doctrine que je discute, la moindre entrave à la circulation de la pensée porteroit un coup mortel à la liberté publique. *Souvenez - vous*, disoit dernièrement l'un d'eux à ses collègues : *que ce fut le jour où la faculté de tout écrire cessa, que la France fut asservie.*

C'est trop souvent avec ces déclamations insignifiantes et vagues, que l'on en impose au plus grand nombre, et que les assertions les plus hasardées deviennent, à force d'être répétées, la base d'une sorte de religion qui, comme toutes les religions du monde, fait tourner à son profit l'irréflexion et la crédulité.

Je demanderois donc à l'auteur de la recommandation imposante que je viens de citer, à quelle époque il a entendu fixer l'asservissement de la France par l'effet de la suppression de la liberté de tout publier. Quand on parle de l'esclavage de notre pays, deux époques s'offrent naturellement à la pensée : les temps antérieurs à la révolution, et le règne de la tyrannie décemvirale. La première époque doit sans doute être écartée, puisqu'avant le 13 Juillet 1789, la liberté illimitée que l'on réclame n'avoit jamais existée en France. La seconde paroît par conséquent la seule dont ont ait pu entendre parler ; mais cette époque n'est-elle pas elle-même l'argument le plus puissant contre les prétentions inconsidérées des partisans de la liberté de la presse ? Ne prouve-t-elle pas que ce prétendu palladium de la liberté publique pourroit encore se convertir en une arme terrible contre la liberté même, si la sagesse n'écartoit pas pour l'avenir un tel danger ? Eh ! comment se refuser aux leçons de l'expérience à cet égard ? Les droits de l'homme n'avoient-ils pas été proclamés avant le règne de Robespierre ? Existoit-il alors la moindre entrave à la circulation de la pensée ? Comment est-il donc arrivé que la liberté ait succombé dans la lutte qui s'établit alors entre la vertu et le crime ? Ne seroit-ce pas parce que le langage austère de la vertu, qui commande tant de sacrifices, effraye et repousse le commun des hommes, tandis que la morale accommodante du vice, en flattant les passions de la multitude, est presque toujours sûre d'en être favorablement écoutée ? Si l'affirmative est démontrée par l'expérience de tous les siècles, faut-il chercher une autre cause de la naissance et des progrès rapides de la tyrannie sous laquelle nous gémissions il n'y a encore qu'un moment ? La société n'étoit-elle pas alors inondée chaque jour de mille feuilles pestilentielles, renversant toutes les idées d'ordre public ; corrompant la morale du peuple ; conseillant, commandant même, au nom de la liberté qu'elle profanoit, le pillage et l'assassinat ? Dans le même temps, des hommes courageux ne luttoient-ils pas péniblement contre le torrent dévastateur qui menaçoit de tout renverser et de tout engloutir ? — Qu'arriva-t-il ? — Robespierre triompha et les Soixante-treize furent proscrits !........ Me dira-t-on que le peuple, livré à lui-même, auroit pu ne pas mieux distinguer ses véritables amis ? Que les prédications infernales des Robespierre, des Marat et de leurs infâmes suppôts, n'ont eu aucune influence sur ses opinions et sur ses excès ?....... En serois-je moins fondé à demander quelles obligations nous eûmes dans ces temps malheureux, à la liberté illimitée de la presse ?.... Encore si l'on pouvoit lui attribuer la fin du règne sanglant de ces horribles furies ! — Mais toutes les langues n'étoient-elles pas glacées pendant toute la durée de cette époque si malheureusement célèbre ? La terreur n'avoit-elle pas brisé toutes les plumes qui auroient pu servir à combattre la tyrannie ? Une seule voix avoit-elle osé se faire entendre pour la

défense des droits de l'humanité, si indignement outra-
gés ?... Je me trompe ; une voix se fit entendre un moment,
ce fut celle de *Camille* ; il fut traîné à l'échafaud ?....
Que faisiez-vous alors, défenseurs aujourd'hui si énergiques
de la liberté d'écrire ? Ne vous souvient-il déjà plus de
la stupeur dans laquelle vous avoit jetés ces placards incen-
diaires qui appeloient chaque jour les poignards sur les
plus dignes amis de la république et de la liberté ? Comment
pouvez-vous provoquer aussi imprudemment le retour de ces
mêmes dangers dont l'épreuve fut si funeste pour la société
en général, si peu favorable à votre courage ?.... Vous
vous plaignez de la surveillance du gouvernement sur la
classe particulière d'écrivains qui tourmentent journellement
et tiraillent dans tous les sens l'opinion publique : la liberté
est anéantie dites-vous, si l'on peut empêcher un journaliste
de blâmer, de calomnier même la conduite et les intentions
des membres du corps législatif, de ceux du directoire
exécutif, de tous les fonctionnaires publics en général. C'est
par leur conduite, ajoutez-vous fièrement, que des fonctionnaires doivent repousser la calomnie. Ah ! quittez pour
un instant la région des demi-dieux ; descendez sur la
terre ; redevenez homme et raisonnons un moment.

Comment entendez-vous qu'un homme dont la conduite
ne peut être connue que dans le cercle étroit qui l'envi-
ronne, puisse parvenir à confondre, par sa conduite seule,
la calomnie qui, en un instant, a parcouru la France,
l'Europe entière. Je me perds, d'ailleurs, je l'avoue, dans
le développement de mes idées diverses sur la calomnie.
Tantôt vous ne la trouvez redoutable que pour celui qui la
craint : *elle ne frappe jamais que par derrière*, dites-vous :
présentez la poitrine ou le front, et sa flèche tombe émoussée.
Un moment après, son effet ne vous paroît pas moins
sûr, soit qu'on la combatte, soit qu'on la brave. Ainsi,
Aristide qui descend à une justification et Socrate qui dédaigne

ses calomniateurs , paroissent, dites - vous , également s'avouer coupables.

Il peut y avoir beaucoup d'esprit dans tout cela : je ne me permets point de juger ce que je ne comprends pas. J'observerai seulement que *l'esprit* n'est pas toujours un guide sûr, et que je n'aime pas à le trouver seul en scène lorsque j'aurois besoin d'y voir *le jugement* avec lui. Celui-ci m'auroit parlé avec plus de simplicité peut - être ; mais il m'auroit certainement conduit à une solution précise et satisfaisante. Il m'auroit prouvé sans doute qu'il étoit sans le moindre inconvénient que le peuple fût sans cesse inquiété, quoique sans motif, sur la probité des hommes auxquels il avoit donné sa confiance ; que les hommes en général n'étant nullement sensibles à tout ce qui pourroit blesser l'amour - propre, même la mieux entendue, il n'y avoit que lieu de craindre que la liberté laissée à la calomnie de distiler ses poisons, pût détourner un citoyen qui sentiroit ses forces, de se consacrer à des fonctions publiques ; il m'auroit démontré surtout que lorsque ce citoyen avoit une fois consenti à remplir ces mêmes fonctions, il étoit de toute justice qu'il pût être, chaque jour, impunément abreuvé d'amertume et d'ignominie par tous ceux dont la pureté de ses principes et son exactitude scrupuleuse dans 'accomplissement de ses devoirs l'auroient mis dans le cas de froisser les intérêts ou les passions : qu'autrement la République ne seroit jamais bien servie et que la liberté seroit évidemment compromise : — Ou bien, s'il avoit cru ne pouvoir entreprendre de me prouver rien de tout cela, il m'auroit dit franchement que les grands mots que je venois d'entendre n'étoient véritablement que de vains sons ; qu'il étoit absurde de livrer à une diffamation journalière et le gouvernement et ceux qui le secondent, sous prétexte qu'à Rome et à Athènes l'éloquence des orateurs jouissoient d'une liberté sans limite ; qu'il étoit faux qu'il ne fallût dans une république que des peines infiniment légères, parce que les hommes étant partout les mêmes, il n'y avoit pas de raison pour que leur intérêt personnel, quelque fût la forme du gouvernement, ne les mît pas souvent en opposition avec l'intérêt général que la loi a pour objet de garantir : qu'en dernière analyse, c'étoit dans la nature de l'homme qu'il falloit puiser les élémens des institutions sociales, et qu'il falloit surtout bien se garder de confondre ce qui peut être jugé propre à déterminer une révolution et en assurer le succès, avec ce qui convient pour asseoir et affermir le gouvernement qui a été le résultat de cette même révolution.

Je ne dissimulerai pas que cette manière de raisonner seroit plus à la portée de ma foible intelligence : car je ne comprendrai jamais, par exemple, qu'il puisse être utile à la liberté publique de laisser sans défense l'homme qui consacre son existence au service de son pays. Je sais bien que si la calomnie se dirige contre les premiers fonctionnaires, leur conduite ayant des effets très-publics, le système que j'examine leur seroit moins désavantageux qu'au fonctionnaire placé dans un rang moins élevé ; mais qui ne conviendra que, dans un gouvernement nouvellement établi surtout, à la suite d'une révolution qui a contrarié tant d'opinions et blessé tant d'intérêts, le décri journalier de toutes les opérations de ce même gouvernement ne contribue puissamment à entretenir cet esprit d'inquiétude et de défiance si propre à favoriser les factions ; tandis que tous les efforts de la législation devroient tendre vers les moyens de les anéantir et de rallier tous les esprits à l'intérêt général.

Mais, dit-on encore, le résultat naturel de la liberté de la presse devant être et étant effectivement, que les uns écrivent dans un sens, les autres dans un sens contraire, on ne doit pas redouter les effets d'opinions qui se détruisent les unes par les autres.

Je rappelle à regret une telle objection qui ne présente d'autres sens si non que la liberté illimitée de la presse ne pourroit, en dernière analyse, opérer ni bien ni mal. Plût à dieu que cette opinion, toute défavorable qu'elle est à la cause que l'on défend avec tant de chaleur, ne fût pas démentie par une expérience funeste et par d'affreux souvenirs !.... Je comprends au surplus comment un gouvernement machiavélique pourroit, sous ce rapport, adopter la liberté de la presse comme un moyen de cacher sous les fleurs les chaînes qu'il prépareroit au peuple, et de l'asservir au moment où il croiroit jouir, avec le plus de plénitude, des droits de la souveraineté ; mais j'exige plus de franchise et de loyauté d'un gouvernement tel que celui que la France s'est donné. Je veux que ceux qui sont à la tête des affaires donnent la plus grande publicité aux actes de leur administration : je veux que tous les citoyens ayent la faculté d'émettre leurs opinions sur toutes les opérations qui intéressent la chose publique : mais je veux aussi que la décence préside toujours à ces discussions ; que les hommes soient mis à l'écart pour ne s'occuper que des choses, et que le respect prescrit par la constitution envers les autorités constituées soit religieusement observé. Car le temps est venu de le dire : sans subordination, il ne peut pas exister de gouvernement. Laissons le peuple brutal et grossier, qui prendroit la licence pour la liberté, se croire véritablement libre par la seule faculté d'injurier ses tyrans. Ce n'est pas pour une telle liberté que nous avons combattu, et nous ne pouvons espérer de jouir de celle que nous avons voulue, qu'en y appropriant toutes nos institutions. Nous ne devons donc pas souffrir qu'il existe parmi nous une classe d'hommes, qui se prétendant revêtus d'une sorte de magistrature, qui seroit la plus importante de toutes, puisqu'elle régiroit l'opinion publique, sans que cependant ils y aient été appelés par le vœu du peuple, sans que leur moralité ait été soumise à aucun exa-

men préalable, s'arrogent le droit d'abuser de la difficulté
des circonstances pour jeter, au gré de leur caprice ou de
leur intérêt, la défaveur et le blâme sur la Représentation
Nationale et sur le gouvernement ; et pour aggraver les
maux que ces circonstances font naître, en s'appliquant à en-
lever à ceux qui souffrent, jusqu'à l'espérance si douce au
cœur du malheureux. Que ces hommes, avec lesquels je
n'ai pas l'injustice de confondre les écrivains estimables et
courageux dont la plume, étrangère à tous les partis, ne sa-
crifia jamais ni au désir de la faveur, ni à celui de la
popularité ; que ces hommes, dis - je, écrivent, j'y consens
puisque c'est leur métier ; mais qu'ils soient assujétis à une
responsabilité *effective* lorsque l'intention de nuire est démontrée, jusqu'à l'évidence, dans leurs perfides écrits.
Par exemple, je trouve punissable le journaliste qui im-
prime froidement que d'après la situation du trésor public,
le paiement en numéraire du quart des rentes et pensions,
pour le deuxième semestre de l'an 4, ne sera pas réalisé dans
quatre ans. Car lorsque cet homme m'annonce ensuite
que les suïcides se multiplient, je ne puis me défendre
de l'idée que son horrible prédiction a dû contribuer à ces
malheurs. Quoi de plus propre en effet à conduire aux
derniers excès du désespoir, un créancier que les promesses
du gouvernement venoient de rappeler à la vie après d'aussi
longues souffrances, que l'idée qu'un intervalle immense le
sépare encore du terme de ses maux ?.... Je trouve ce
même journaliste punissable encore, lorsqu'il rapporte,
comme une nouvelle indifférente, que telle de nos esca-
dres manque de tout ; que les officiers et les matelots ne
sont pas payés, faute de fonds, &c. Certes, au moment
où l'on négocie une paix devenue si nécessaire à tous les
partis, il doit paroître bien étrange qu'un Français publie
ainsi un fait qu'il importeroit autant, s'il étoit exact, de
laisser ignorer aux puissances qui traitent avec notre gouvernement. Je demande si un tel homme ne peut pas être

à bon droit, soupçonné d'être dans le cœur, plus étranger que Français, et comment il peut être utile à la liberté qu'il trouve dans son impunité un nouvel encouragement à trahir son pays et les droits sacrés de l'humanité.

Je cite ces traits que ma mémoire me rappelle, au milieu de mille autres qui ont, dans leur temps, excité mon indignation, et je me demande comment il arrive que le Directoire exécutif soit repoussé lorsqu'il dénonce au corps législatif les abus journalier de la liberté de la presse : je m'étonne que l'opposition qu'il éprouve viennent des hommes que j'avois toujours vu professer les principes d'une saine morale et d'une politique fondée sur la raison : je m'étonne encore de les entendre jeter vaguement le soupçon sur un gouvernement qu'il seroit de leur devoir d'accuser franche-ment, s'ils le croyent coupable, mais qu'il ne doit pas leur être permis d'attaquer sans preuve, parce que c'est un moyen d'altérer l'opinion dont il est si important que les gouvernans soient toujours environnés, parce que je ne puis plus les suivre, comme je l'avois fait ; que je ne puis plus appercevoir le but vers lequel ils se dirigent ; que je ne puis plus distinguer leur conduite de celle qui carac-térise ordinairement l'esprit de parti, et que l'esprit de parti ne pourroit nous conduire qu'à de nouveaux malheurs.

De ces diverses réflexions, je me crois permis de con-clure que la liberté *illimitée* de la presse, considérée rela-tivement à l'intérêt public, offre des inconvéniens et des dangers que je n'ai vu jusqu'à présent compensés par au-cun avantage.

Examinons d'un coup-d'œil si elle présente quelqu'utilté sous le rapport de l'intérêt individuel.

Il existe des tribunaux pour prononcer sur les différens qui naissent entre les citoyens ; l'institution bienfaisante de la justice de paix a placé, pour ainsi dire, auprès de chaque individu un moyen facile et sûr d'obtenir la réparation du préjudice que l'improbité voudroit lui causer dans sa fortune ou dans sa réputation. La loi a donc pourvu avec la plus grande sollicitude à la conservation des intérêts particuliers, et je ne vois pas quel secours la liberté *illimitée* de la presse pourroit leur offrir qu'ils ne trouvent pas avec plus d'avantage dans les formes protectrices des personnes et des propriétés : elles suffisent à la probité qui n'attaque jamais et qui, pour se défendre, n'a besoin que d'exposer la vérité. Les limites que l'on pourroit mettre à la liberté de la presse sont donc indifférentes pour elle ; car comme elle ne calomnie jamais et qu'elle se renferme toujours dans les bornes d'une défense légitime, elle ne peut craindre d'être atteinte par les lois qui réprimeroient des abus dont elle ne peut pas se rendre coupable.

Il en est tout autrement de l'improbité qui se tient constamment sur l'offensive, et qui ne connoît point les scrupules sur le choix des moyens de réussir. Entouré de tous les vices qui forment son hideux cortège et lui prêtent successivement leurs masques divers, elle veille et rôde sans cesse pour suspendre sa proie. On la rencontre sous toutes les formes : tantôt sous celle de *l'avarice*, elle essaye de s'approprier la fortune d'autrui : tantôt sous celle de la *haine*, elle poursuit l'honnête homme qui l'a démasquée : vous la trouverez à tel instant du jour, sous les traits de *l'envie* déchirant celui dont elle convoîte la place : le moment d'après, c'est la *perfidie* semant le soupçon pour amener le trouble et servant les factions aux dépens de la tranquillité et du bonheur public. C'est pour elle que la liberté la plus illimitée de la presse est véritablement un besoin : elle ne peut consentir à aucune transaction sur un point aussi nécessaire à son existence ; la moindre gêne lui feroit trop perdre de ses avantages, et les lois répressives, quelques mitigées qu'elles pussent être, lui seront toujours insupportables, parce qu'elles ne peuvent atteindre qu'elle.

Loin de moi donc l'idée, que la constitution ait entendu favoriser une aussi dangereuse ennemie de l'ordre social :

elle a voulu que l'usage de la presse, ne pût en général, être interdite à aucun citoyen ; et certes, une telle disposition est un grand bienfait : car elle enlève à l'homme puissant, l'espérance de pouvoir abuser, toujours impunément, de sa puissance; mais la constitution porte aussi qu'il n'y a point de limitation à l'industrie : en conclura-t-on qu'un empirique qui distribueroit des poisons sous le titre de remèdes, dût échapper à l'action de la police et à celle des tribunaux ? . . . . La raison ne dit-elle pas au contraire que la constitution, en proclamant les grands principes de la liberté, n'a pas entendu en consacrer l'abus, et qu'elle a dû compter sur la vigilance des législateurs pour préserver ces mêmes principes de la plus légère atteinte? Elle n'a pas, il est vrai, déterminé les limites de la responsabilité à laquelle les écrivains pourroient être assujétis, mais elle n'a certainement pas voulu fixer en elle-même le germe de sa propre destruction, en permettant que sous prétexte d'user d'un droit imprescriptible, on pût la miner par sa base, en corrompant l'opinion publique, en usant de toutes les ressources de la malignité, pour déprécier et contrarier les opérations qui tendroient à l'affermir : que l'on pût, sous le même prétexte, et en se bornant en apparence à la transcription de prétendues correspondances de l'étranger, calomnier nos armées et les braves qui les conduisent à la victoire; supposer des défaites quand nous avons vaincu ; diminuer nos avantages quand ils ne peuvent être dissimulés ; grossir nos pertes, lorsque le sort des combats a trompé le courage des défenseurs de la liberté; répandre enfin dans l'Europe entière des bruits calomnieux, ou même vrais, mais uniquement propres à relever les espérances des ennemis du dehors et du dedans; à prolonger par-là les horreurs de la guerre et à servir ainsi les diverses factions qui fondent leur espoir sur le malheur public. Non, la constitution n'a pas entendu autoriser un tel scandale : elle a prévu qu'il faudroit des lois pour déterminer la responsabilité des écrivains, et elle a laissé aux législateurs toute la latitude dont ils avoient besoin pour remplir ses intentions. Je n'hésite point à le répéter, ils ne pourroient sans trahir leur premier devoir, celui de maintenir la liberté, laisser le champ libre à tous ceux qui voudroient l'attaquer pour ramener le règne de l'anarchie ou celui du despotisme.

Je termine enfin ma discussion déjà trop prolongée, pour ceux auxquels l'importance du sujet pourra donner le courage de me lire, et je me résume ainsi :

Si l'on veut n'entendre par la liberté *illimitée* de la presse, que la faculté assurée à tous les citoyens de faire imprimer généralement tout ce qu'ils jugent à propos de rendre public, sans qu'aucune autorité puisse, sauf les cas extraordinaires prévus par la constitution, arrêter l'effet de leur volonté à cet égard ; je suis d'accord, car je ne veux pas plus qu'un autre le rétablissement des censeurs royaux, et j'aime aussi la liberté qui ne peut pas dégénérer en licence. Je voudrois même, pour que la presse fût d'autant plus libre, que l'imprimeur, fût pour ainsi dire, identifié avec elle, c'est-à-dire, qu'il ne fût soumis à aucune responsabilité, sous la condition seulement, qu'il ne pût se dispenser d'imprimer son nom et sa demeure à la suite ou en tête de l'ouvrage, et qu'il fût tenu de faire connoître à toutes réquisitions le nom et le domicile de l'auteur : faute d'avoir rempli ces conditions, l'imprimeur seroit puni de la même peine que l'auteur auroit encourue.

Mais après avoir ainsi satisfait à la disposition constitutionnelle, qui veut que la publication de la pensée ne puisse être arrêtée que momentanément et dans des circonstances extraordinaires, je crois fermement que le vœu de la constitution et son véritable esprit, sont que les législateurs s'efforcent de prévenir, par des dispositions dictées par la sagesse, tous les abus qui tromperoient ses intentions bienfaisantes. Je ne me le dissimule pas ; une loi sur cette matière est peut-être celle de toutes qu'il est le plus difficile de bien faire ; et sans doute il faut bien un autre talent pour en tracer les dispositions que pour en démontrer la nécessité ; mais elle mérite d'autant plus d'être l'objet d'une profonde méditation de la part des hommes auxquels la nation a confié l'honorable tâche de veiller sur ses destinées et d'assurer le bonheur public.

J'ai rempli celle que je m'étois imposée, en ne dissimulant aucune des vérités que j'ai cru utiles ; si je me suis trompé, ma conscience me dit qu'aucune vue personnelles n'a causé mon erreur, l'amour de mon pays m'a seul animé : c'est aux hommes qui partagent ces sentimens à décider si ses inspirations m'ont égaré. Je ne signe pas ces observations par la raison que mon nom n'a rien qui pût leur donner plus de poids, et que d'ailleurs mon obscurité me plaît, parce que l'expérience m'a convaincu que ce n'étoit qu'en soi-même et dans le petit nombre d'amis que l'on s'étoit efforcé de mériter, que l'on pouvoit trouver le bonheur, dont on poursuit vainement, par-tout ailleurs, l'ombre trompeuse et fugitive.

De l'Imprimerie de VALADE, rue J.-J. Rousseau, n°. 12 et 351, presque vis-à-vis la Poste.

www.ingramcontent.com/pod-product-compliance
Lightning Source LLC
LaVergne TN
LVHW050425060726
842526LV00007B/2435